# POWER
# MORGEN

Coralie Ferreira

# POWER MORGEN

30 Frühstücksrezepte für den
besten Start in den Tag

Fotos von Virginie Garnier
Styling von Coralie Ferreira

südwest

# INHALT

Einführung ..................................................11

## KICKSTART IN DEN TAG

Crème Budwig vegan ..................................12
Köstliche Obst-Bowl ...................................14
Vollwert-Smoothie mit Haferflocken,
   Chiasamen und Himbeeren ...................16
Vollwert-Smoothie mit Quinoaflocken,
   Hanfsamen und Mango ........................16
Smoothie mit Birne, Spinat und Mandeldrink .....18
Smoothie mit Brombeeren, Reisdrink und Vanille ....18
Beauty-Saft ................................................20
Vitamin-C-Bombe .......................................20
Detox-Drink ...............................................20
Booster .....................................................21
Power-Smoothie mit AFA-Algen ..................22
Chia-Pudding mit Mango und Physalis .........24
Blitz-Porridge mit Blaubeeren ......................26
Bircher-Müsli mit Apfel und Birne .................28
Morgengruß im Glas ...................................30
Obstsalat „Fitmacher" mit Gojibeeren ..........32
Schnelle Brote mit Mandelmus und Himbeergelee .....34
Joghurt mit Erdbeeren, Datteln,
   Honig und Pekannüssen ........................36
Joghurt mit Papaya, Passionsfrucht,
   Maulbeeren und Kokos ..........................36
Laktosefreier Drink mit Rohkakao,
   Kokoszucker, Maca und Zimt ..................38
Avocado-Brote ...........................................40

## VERWÖHNFRÜHSTÜCK

Açaí-Bowl ..................................................42
Green-Smoothie-Bowl .................................44
Quinoa-Chia-Power mit Himbeeren und Aprikosen ....46
Pfannkuchen mit Açaí, Blaubeeren und Cranberrys ....48
Granola mit Apfelkompott ...........................50
Fruchtmüsli ................................................52
Birnenkompott mit Açaí ..............................54
Mangokompott mit Acerola ........................54
Energieriegel ..............................................56
Bananenbrot mit Schokolade und Sesam .....58
Süßkartoffel-Körner-Muffins ........................60
Waffeln mit Kokosblütenzucker, Zitrone
   und Himbeeren .....................................62
Vollkornreis mit pochiertem Ei und
   grünem Gemüse ...................................64
Huevos rancheros ......................................66
Omelett mit Kirschtomaten, Gurkensalat
   und Minz-Feta ......................................68
Rührei mit Ricotta und gebratenen Pilzen ....70

# EINFÜHRUNG

Ein nahrhaftes, vitaminreiches Frühstück ist der beste Start in den Tag. Dafür setzen wir auf ein komplett selbst gemachtes Frühstück mit viel Obst und Gemüse, die als Superfoods den nötigen Kick geben.

Ob Sie nur 5 Minuten oder 1 Stunde Zeit zum Frühstücken haben, jedes Rezept in diesem Buch ist so konzipiert, dass Sie mit ausreichend Nährstoffen versorgt werden. In dem Kapitel „Kickstart in den Tag" finden Sie Früstücksideen, mit denen Sie rasch Energie tanken: Die Smoothies, Porridges, Joghurtvariationen und Brotbeläge sind im Handumdrehen zubereitet. Mit den Rezepten im Kapitel „Verwöhnfrühstück" ist die erste Mahlzeit des Tages ein Hochgenuss, allerdings braucht man mitunter etwas mehr Zeit, um die Müslis, Breie, Waffeln oder herzhaften Frühstücksrezepte vorzubereiten. Und nichts hindert Sie daran, einen tollen frischen, farbenfrohen Brunch mit Rezepten aus dem gesamten Buch aufzutischen.

Nehmen Sie sich ruhig abends oder am Wochenende etwas Zeit und bereiten Sie verschiedene Frühstücksvarianten für die kommende Woche vor. Manche Gerichte wie etwa Müsliriegel, Granola oder Bananenbrot lassen sich auch prima im Voraus zubereiten. So können Sie mehrere Tage hintereinander ein vitaminreiches, gesundes Frühstück zu sich nehmen.

Wir wünschen Ihnen einen guten Start in den Tag!

# CRÈME BUDWIG

## VEGAN

Für 1 Person • Zubereitung: 10 Min.

### Die Zutaten

| | |
|---|---|
| Blaubeeren | 1 EL |
| Kaki | ½ |
| Birne (Vereinsdechants oder Conference) | ¼ |
| Sojajoghurt | 4 TL |
| Walnussöl | 1 TL |
| reife Banane | 1 |
| Zitrone | ½ |
| gemahlene Walnusskerne | 2 TL |
| Reismehl | 2 TL |

### Das Rezept

**1.** Alle Früchte waschen, Kaki und Birne schälen und entkernen, dann in kleine Stücke schneiden.

**2.** Joghurt und Walnussöl mit dem Schneebesen 2 Minuten verquirlen.

**3.** Die Banane schälen, mit einer Gabel zerdrücken und die Zitrone auspressen. Banane, Zitronensaft, gemahlene Nüsse und Reismehl vermischen. Den Joghurt unterrühren und die Creme mit den Früchten servieren.

### Tipps

Die Früchte je nach Jahreszeit variieren, dabei jedoch morgens nicht zu saure Zitrusfrüchte verwenden. Die Walnüsse durch Körner (Leinsamen, Kürbiskerne, Sesamsaat) oder andere ölhaltige Schalenfrüchte, wie Mandeln, Haselnüsse, Pinienkerne, und das Reismehl durch Buchweizen-, Gersten-, Hafer- oder Hirsemehl ersetzen.
Benannt ist dieses Rezept nach der Apothekerin und Biochemikerin Johanna Budwig, deren Ernährung auf einer Öl-Eiweiß-Kost basiert.

# KÖSTLICHE OBST-BOWL

Für 1 Person • Zubereitung: 10 Min.

## Die Zutaten

Banane .................................................... ½
Rapsöl ................................................. 2 EL
geschrotete Leinsamen .............. 1 gestrichener EL
geschrotete Sesamsaat .............. 1 gestrichener EL
geschrotete Nuss-Körner-Mischung
(hier zu gleichen Anteilen
Mandeln, Haselnüsse,
Kürbiskerne) .......................... 1 gestrichener EL
Zitronensaft ............................................. 2 TL
Obst (3 verschiedene Sorten: hier
Erdbeeren, Himbeeren, weißer Pfirsich) ...... 180 g

## Das Rezept

**1.** Die Banane schälen, mit einer Gabel zerdrücken und das Rapsöl unterrühren. Geschrotete Körner und Nüsse sowie den Zitronensaft einrühren und diese Mischung beiseitestellen.

**2.** Das Obst waschen und, falls erforderlich, Steine und Stiele entfernen. Größere Früchte klein schneiden.

**3.** Das Obst in eine große Schale geben und die Bananen-Nuss-Mischung unterrühren. Die Obst-Bowl sofort verzehren.

## Tipps

Körner und Nüsse in größerer Menge im Voraus schroten und in einem dicht schließenden Schraubglas aufbewahren. Früchte je nach Jahreszeit wählen, dabei jedoch Zitrusfrüchte (Orangen, Klementinen, Pampelmusen, ...), Honig- und Wassermelonen meiden.

# VOLLWERT-SMOOTHIE MIT HAFERFLOCKEN, CHIASAMEN UND HIMBEEREN

Für 1 großes Glas • Zubereitung: 5 Min.
Utensilien: Standmixer

## Die Zutaten

Haferflocken .................................................. 3 EL
Sojajoghurt ..................................................200 g
Himbeeren ...................................................125 g
Banane ............................................................... 1
Zitrone, ausgepresst ........................................... 1
Chiasamen .................................................... 1 EL
Agavendicksaft .............................................. 1 TL

## Das Rezept

**1.** Die Haferflocken mit dem Joghurt in den Mixbehälter geben.

**2.** Die Himbeeren waschen, die Banane schälen und in Stücke schneiden. Beide Obstsorten mit Zitronensaft, Chiasamen und Agavendicksaft ebenfalls in den Mixer geben.

**3.** 3 Minuten mixen, bis die Masse glatt ist. Für einen etwas flüssigeren Smoothie noch etwas Wasser zufügen. Sofort genießen.

# VOLLWERT-SMOOTHIE MIT QUINOAFLOCKEN, HANFSAMEN UND MANGO

Für 1 großes Glas • Zubereitung: 5 Min.
Utensilien: Standmixer

## Die Zutaten

Quinoaflocken ............................................... 3 EL
stichfester Naturjoghurt ...............................200 g
Mango ............................................................... 1
Zitrone, ausgepresst ........................................... 1
geschrotete Hanfsamen ................................. 1 EL
Kokosblütenzucker ........................................ 1 TL

## Das Rezept

**1.** Die Quinoaflocken mit dem Joghurt in den Mixbehälter geben.

**2.** Die Mango schälen, das Fruchtfleisch vom Stein lösen und mit Zitronensaft, Hanfsamen und Kokosblütenzucker in den Mixer geben.

**3.** 3 Minuten mixen, bis die Masse glatt ist. Für einen etwas flüssigeren Smoothie noch etwas Wasser zufügen. Sofort genießen.

# SMOOTHIE
## MIT BIRNE, SPINAT UND MANDELDRINK

Für 1 großes Glas • Zubereitung: 5 Min.
Utensilien: Standmixer

### Die Zutaten

Spinatblätter ..................................... 1 Handvoll
vollreife Birne (Vereinsdechants
oder Conference) .............................................. 1
Zitrone, ausgepresst ....................................... ½
Mandeldrink ........................................... 150 ml
Mandelmus ................................................ 1 EL
Honig ........................................................ 1 TL

### Das Rezept

**1.** Die Spinatblätter waschen.

**2.** Die Birne schälen, entkernen und das Fruchtfleisch in Stücke schneiden. Die Birnenstücke mit Zitronensaft, Spinat, Mandeldrink und -mus sowie Honig in den Mixbehälter geben.

**3.** Diese Mischung 3 Minuten mixen, bis ein glatter Smoothie entsteht.

# SMOOTHIE
## MIT BROMBEEREN, REISDRINK UND VANILLE

Für 1 großes Glas • Zubereitung: 5 Min.
Utensilien: Standmixer

### Die Zutaten

Brombeeren ............................................. 125 g
Reisdrink ................................................ 150 ml
Haselnussmus (aus dem Bioladen) ................ 1 EL
Ahornsirup ................................................ 1 TL
gemahlene Vanille .................................. 1 Prise

### Das Rezept

**1.** Die Brombeeren waschen und mit Reisdrink, Haselnussmus, Ahornsirup und Vanille in den Mixbehälter geben.

**2.** Die Mischung 3 Minuten mixen, bis ein glatter Smoothie entsteht.

## BEAUTY-SAFT

Für 1 großes Glas • Zubereitung: 10 Min.
Utensilien: Entsafter

### Die Zutaten

| | |
|---|---|
| Karotten | 3 |
| kleine Rispe helle Weintrauben | 1 |
| Orange | 1 |
| Zitrone, ausgepresst | ½ |
| Urucum-Pulver | 1 TL |

### Das Rezept

**1.** Die Karotten unter Wasser abbürsten, dann die Enden abschneiden. Die Weintrauben abspülen.

**2.** Die Orange schälen – dabei auch die weiße Innenhaut entfernen – und in Stücke schneiden.

**3.** Orange, Karotten und Trauben in einen Entsafter geben und entsaften. Diesen Saft mit Zitronensaft und Urucum-Pulver verrühren und sofort trinken.

## VITAMIN-C-BOMBE

Für 1 großes Glas • Zubereitung: 10 Min.
Utensilien: Entsafter

### Die Zutaten

| | |
|---|---|
| Orangen | 2 |
| Kiwis | 2 |
| Grünkohlblätter | 4 |
| Acerola-Pulver | 1 TL |

### Das Rezept

**1.** Orangen und Kiwis schälen, die Grünkohlblätter waschen.

**2.** Alle Zutaten in Stücke schneiden, in einen Entsafter geben und entsaften. Diesen Saft mit Acerola-Pulver verrühren und sofort trinken.

## DETOX-DRINK

Für 1 großes Glas • Zubereitung: 10 Min.
Utensilien: Entsafter

### Die Zutaten

| | |
|---|---|
| Fenchelknolle | ½ |
| Sellerie | 2 Stangen |
| grüner Apfel | 1 |
| Spinatblätter | 1 Handvoll |
| Chlorella-Pulver | 1 TL |

### Das Rezept

**1.** Fenchel, Sellerie, Apfel und Spinat waschen. Fenchel und Sellerie putzen und klein schneiden; den Apfel in Stücke schneiden und das Kerngehäuse entfernen.

**2.** Obst und Gemüse in einen Entsafter geben und entsaften. Diesen Saft mit dem Chlorella-Pulver verrühren und sofort trinken.

## BOOSTER

Für 1 großes Glas • Zubereitung: 10 Min.
Utensilien: Entsafter

### Die Zutaten

grüner Apfel ................................................... 1
Ingwerwurzel ................................... 2-cm-Stück
rohe Rote Bete ............................................... 1
Zitrone, ausgepresst ..................................... ½
Gelée royale ........................................... 1 Msp.

### Das Rezept

Apfel, Ingwer und Rote Bete waschen bzw. schälen. Den Apfel in Stücke schneiden und das Kerngehäuse entfernen. Ingwer und Rote Bete in Stücke schneiden.

**3.** Obst und Gemüse in einen Entsafter geben und entsaften. Diesen Saft mit Zitronensaft und Gelée royale verrühren.

# POWER-SMOOTHIE
## MIT AFA-ALGEN

Für 2 Personen • Zubereitung: 5 Min.
Utensilien: Standmixer

## Die Zutaten

| | |
|---|---|
| Banane | 1 |
| Zitrone, ausgepresst | 1 |
| AFA-Algenpulver | 1 EL |
| Medjool-Datteln ohne Stein | 2 |
| Mandeldrink | 200 ml |
| Blaubeeren | 125 g |
| Agavendicksaft | 1 TL |
| Chiasamen | 1 TL |

## Das Rezept

**1.** Die Banane schälen, in Stücke schneiden und mit Zitronensaft, Algenpulver, Datteln sowie 120 Millilitern Mandeldrink in den Mixbehälter geben. Das Ganze 3 Minuten mixen und dann auf 2 Gläser verteilen. Den Mixbehälter mit klarem Wasser ausspülen.

**2.** Die Blaubeeren waschen und in den Mixbehälter geben, Agavendicksaft, Chiasamen und den restlichen Mandeldrink zufügen. Alles 2 Minuten mixen und dann auf die beiden Gläser verteilen.

# CHIA-PUDDING

## MIT MANGO UND PHYSALIS

Für 1 Person • Zubereitung: 10 Min.

## Die Zutaten

| | |
|---|---|
| Sojajoghurt | 150 g |
| Kokosblütensirup | 1 EL |
| Kokoscreme | 2 EL |
| Chiasamen | 3 EL |
| Mango | ½ |
| getrocknete Physalis | 1 EL |

## Das Rezept

**1.** Den Joghurt mit Kokosblütensirup und Kokoscreme verrühren. Die Chiasamen zufügen und unterrühren.

**2.** Die Mango schälen, das Fruchtfleisch vom Stein lösen und in Stücke schneiden. Die Hälfte des Fruchtfleisches beiseitelegen, die andere Hälfte mit den Physalisbeeren mixen.

**3.** Die Chia-Joghurt-Mischung in eine Schale oder ein Glas geben, zuerst das Mango-Physalis-Püree, dann die Mangostücke darüberschichten.

# BLITZ-PORRIDGE
## MIT BLAUBEEREN

Für 1 Person • Vorbereitung: 5 Min. • Garzeit: 8 Min.

## Die Zutaten

frische Blaubeeren .......................................... 50 g
kleinblättrige Haferflocken .......................... 4 EL
Agavendicksaft ............................................. 1 EL
Mandeldrink ............................................. 200 ml
getrocknete Blaubeeren
(aus dem Bioladen) ........................................ 1 EL
+ einige mehr zum Bestreuen
gemahlene Vanille ..................................... 1 Prise

## Das Rezept

**1.** Die Blaubeeren waschen.

**2.** Haferflocken, Agavendicksaft und Mandeldrink in einen kleinen Topf geben.

**3.** Die Mischung aufkochen, die Hälfte der frischen Blaubeeren, getrocknete Blaubeeren und Vanille zugeben und alles 8 Minuten köcheln.

**4.** Den fertigen Porridge in eine Schale geben und mit den restlichen frischen und einigen getrockneten Blaubeeren bestreuen.

# BIRCHER-MÜSLI
## MIT APFEL UND BIRNE

Für 1 Person • Zubereitung: 10 Min. • Ruhezeit: 10 Min.

## Die Zutaten

| | |
|---|---|
| Zitrone | 1 |
| Haferflocken | 4 EL |
| Mandelmus | 2 EL |
| Haferdrink | 50 ml |
| Apfelsaft | 50 ml |
| Apfel (klein) | 1 |
| Birne (klein) | 1 |
| getrocknete Aprikosen | 2 |
| Kürbiskerne | 1 TL |
| getrocknete Cranberrrys | ½ EL |
| Granatapfelkerne | 2 EL |
| gehackte Haselnusskerne | 1 EL |
| Ahornsirup | 1 EL |

## Das Rezept

**1.** Die Zitrone auspressen und den Saft durch ein Sieb passieren. Die Haferflocken mit Mandelmus, Haferdrink und Apfelsaft vermischen und 10 Minuten ruhen lassen.

**2.** In der Zwischenzeit den Apfel waschen, entkernen, reiben und mit Zitronensaft beträufeln. Die Birne waschen, entkernen und klein schneiden. Die Aprikosen in kleine Würfel schneiden.

**3.** Apfel, Kürbiskerne, Cranberrys, Aprikosenwürfel, Granatapfelkerne und Haselnüsse mit den Haferflocken verrühren. Das Müsli mit dem Ahornsirup süßen und mit den Birnenstücken belegt servieren.

# MORGENGRUSS IM GLAS

Für 1 Person • Vorbereitung: 5 Min. • Garzeit: 2 Min.

## Die Zutaten

| | |
|---|---|
| Haferflocken | 2 EL |
| Pfirsichkompott | 50 g |
| Mandeln | 1 EL |
| Pistazien | 1 TL |
| Agavendicksaft | 1 EL |
| Sojajoghurt | 150 g |
| Aprikose | 1 |
| Rote Johannisbeeren | 1 Rispe |

## Das Rezept

**1.** Die Haferflocken 2 Minuten in einer Antihaft-Pfanne rösten und dann abkühlen lassen.

**2.** Das Pfirsichkompott in ein kleines Weckglas füllen. Mandeln und Pistazien hacken und mit dem Agavendicksaft unter den Joghurt rühren. Diese Mischung auf das Kompott schichten.

**3.** Aprikose und Johannisbeeren waschen. Die Aprikose entsteinen, in kleine Stücke schneiden und mit den Johannisbeeren als oberste Schicht in das Weckglas geben. Mit den Haferflocken bestreuen und genießen.

# OBSTSALAT „FITMACHER"
## MIT GOJIBEEREN

Für 1 Person • Zubereitung: 10 Min. • Ruhezeit: 2 Min.
Utensilien: Standmixer

## Die Zutaten

| | |
|---|---|
| Avocado | ½ |
| Mango | ¼ |
| Limette, ausgepresst | 1 |
| frische, saisonale Früchte | 200 g |
| Kokosblütenzucker | 1 EL |
| Gojibeeren | 1 EL |
| gemahlener Zimt | 1 Prise |

## Das Rezept

**1.** Avocado und Mango schälen und entkernen. Das Fruchtfleisch in Stücke schneiden und mit der Hälfte des Limettensafts im Mixer pürieren.

**2.** Die Früchte waschen und gegebenenfalls schälen, entkernen und klein schneiden. Die Obststücke in eine Schüssel geben, mit dem restlichen Limettensaft beträufeln, mit Zucker, Gojibeeren und Zimt bestreuen, vermengen und 2 Minuten ruhen lassen.

**3.** Die Mango-Avocado-Creme mit den frischen Früchten genießen.

Kickstart in den Tag

# SCHNELLE BROTE MIT MANDELMUS
## UND HIMBEERGELEE

Für 1 Person • Zubereitung: 5 Min. • Ruhezeit: 10 Min.
Utensilien: Standmixer

## Die Zutaten

Himbeeren .................................................50 g
+ einige zum Bestreuen
Chiasamen ..................................................2 TL
Agavendicksaft............................................1 TL
Vollkorn- oder Mischbrot .....................2 Scheiben
Mandelmus ............................. 2 gestrichene EL

## Das Rezept

**1.** Die Himbeeren waschen.

**2.** Die Himbeeren mit Chiasamen und Agavendicksaft im Mixer pürieren, dann 10 Minuten ruhen lassen.

**3.** Die Brotscheiben rösten, mit dem Mandelmus, dann mit dem schnellen Himbeergelee bestreichen und mit einigen halbierten Himbeeren garnieren.

## JOGHURT
### MIT ERDBEEREN, DATTELN, HONIG UND PEKANNÜSSEN

Für 1 Person • Zubereitung: 5 Min.
Utensilien: Standmixer

#### Die Zutaten

| | |
|---|---|
| Dattel ohne Stein | 1 |
| stichfester Naturjoghurt | 100 g |
| Honig | 1 gestrichener TL |
| Pekannusskerne | 1 EL |
| Erdbeeren | 150 g |

#### Das Rezept

**1.** Die Dattel mit 1 Esslöffel Joghurt und Honig im Mixer pürieren. Die Pekannüsse hacken.

**2.** Die Erdbeeren waschen, putzen und klein schneiden. Die Hälfte der Erdbeeren in eine Schüssel geben und mit der Dattel-Joghurt-Mischung und dem restlichen Joghurt verrühren.

**3.** Den Erdbeerjoghurt mit den restlichen Erdbeeren und den gehackten Pekannüssen bestreuen.

## JOGHURT
### MIT PAPAYA, PASSIONSFRUCHT, MAULBEEREN UND KOKOS

Für 1 Person • Zubereitung: 5 Min.
Utensilien: Standmixer

#### Die Zutaten

| | |
|---|---|
| stichfester Naturjoghurt | 100 g |
| Kokosblütensirup | 1 gestrichener TL |
| Maulbeeren | 1 TL |
| Papaya | 150 g |
| Passionsfrucht | 1 |
| Kokosraspel | 1 EL |

#### Das Rezept

**1.** 1 Esslöffel Joghurt mit Kokosblütensirup und Maulbeeren im Mixer pürieren.

**2.** Die Papaya schälen, entkernen und in Stücke schneiden. Das Fruchtfleisch mit dem der Passionsfrucht mischen. Joghurt-Maulbeer-Mischung und restlichen Joghurt in eine Schale geben und mit der Hälfte von Papaya und Passionsfrucht verrühren.

**3.** Die restlichen Fruchtstücke und die Kokosraspel auf den Joghurt streuen.

# LAKTOSEFREIER DRINK
## MIT ROHKAKAO, KOKOSZUCKER, MACA UND ZIMT

Für 1 Person • Zubereitung: 10 Min.
Utensilien: Standmixer

## Die Zutaten

Haferflocken .................................................. 1 EL
grob gehackte Haselnusskerne ..................... 2 EL
Mineralwasser ........................................ 180 ml
Rohkakaopulver ............................................ 1 EL
Kokosblütenzucker .................. 1 gestrichener EL
Macapulver ................................................ ½ TL
gemahlener Zimt ..................................... 1 Prise
Haselnussmus ............................................... 1 EL

## Das Rezept

**1.** Haferflocken und Haselnüsse mit dem Wasser in den Mixbehälter geben, 5 Minuten pürieren und dann durch ein Sieb passieren.

**2.** Kakao, Kokosblütenzucker, Maca und Zimt in etwas Haferdrink auflösen. Diese Mischung, den restlichen Drink sowie das Nussmus in den Mixer geben und 2 Minuten pürieren.

Kickstart in den Tag

# AVOCADO-BROTE

Für 1 Person • Zubereitung: 5 Min.

## Die Zutaten

Brot (Vollkorn oder glutenfrei) ............ 2 Scheiben
reife Avocado ................................................... 1
Zitrone, ausgepresst ........................................ ½
Sprossen ........................................... 1 Handvoll
Olivenöl ..................................... zum Beträufeln
Fleur de sel ............................................. 1 Prise
Cayennepfeffer ....................................... 1 Prise

## Das Rezept

**1.** Die Brotscheiben 2 Minuten im Backofen rösten oder toasten, bis sie goldbraun sind.

**2.** Die Avocado schälen, entkernen, in Scheiben schneiden und mit Zitronensaft beträufeln.

**3.** Die Avocadoscheiben auf das geröstete Brot legen, mit Olivenöl beträufeln, mit Sprossen, Fleur de sel und Cayennepfeffer bestreuen.

## *Varianten*

- Die Brotscheiben mit 1 Esslöffel Hüttenkäse oder Sonnenblumenkerncreme bestreichen und zum Schluss einige Granatapfelkerne darüberstreuen;
- die Brotscheiben mit Sonnenblumensprossen oder anderen Sprossen bestreuen;
- die Avocado zerdrücken und mit ¼ fein gehackter roter Zwiebel und 1 Teelöffel Honig vermischen;
- ½ Orange in Stücke zerteilen und mit der Avocado und 1 Teelöffel frisch gehackten Kräutern vermischen.

# AÇAÍ-BOWL

Für 1 Person • Zubereitung: 10 Min. • Gefrierzeit: über Nacht
Utensilien: Standmixer

## Die Zutaten

| | |
|---|---|
| Banane | 1 |
| Blaubeeren | 1 EL |
| Erdbeeren | 50 g |
| | + 3 zum Bestreuen |
| Açaí-Pulver (oder Açaí-Fruchtpüree aus dem Bioladen) | 1 gehäufter EL |
| Mandelmus | 1 EL |
| Mandeldrink | 1 EL |
| Granatapfelkerne | 1 EL |
| Gojibeeren | 1 TL |
| Hanfsamen | 1 TL |

## Das Rezept

**1.** Am Vorabend die Banane schälen, klein schneiden und in den Tiefkühler geben.

**2.** Am nächsten Morgen die Blaubeeren waschen.

**3.** 50 Gramm Erdbeeren waschen, putzen, klein schneiden und mit gefrorener Banane, Açaí-Pulver (oder -Fruchtpüree), Mandelmus und -drink in den Mixbehälter geben und pürieren, bis eine glatte Masse entsteht.

**4.** Diese Mischung in eine Schale füllen, Erdbeeren, Blaubeeren, Granatapfelkerne, Gojibeeren und Hanfsamen zufügen und sofort genießen.

Verwöhnfrühstück

# GREEN-SMOOTHIE-BOWL

Für 1 Person • Zubereitung: 15 Min. • Gefrierzeit: über Nacht
Utensilien: Standmixer

## Die Zutaten

Banane .................................................................. 1
Avocado ............................................................... 1
Spinatblätter ............................... 1 Handvoll
Limette, ausgepresst ........................................ ½
Cashewmus .............................................. 1 EL
Reisdrink ............................................. 100 ml
Kiwi ....................................................................... 1
Kürbiskerne ............................................. 1 TL
Blütenpollen ............................................ 1 TL
Chiasamen .............................................. 1 TL
frische Kokosnussstücke ..................... 1 EL

## Das Rezept

**1.** Am Vorabend die Banane schälen, klein schneiden und in den Tiefkühler geben.

**2.** Am nächsten Morgen die Avocado schälen, entkernen und das Fruchtfleisch klein schneiden. Den Spinat abspülen.

**3.** Banane, Avocado, Spinat, Limettensaft, Cashewmus und Reisdrink in den Mixbehälter geben und alles pürieren, bis eine glatte Masse entsteht.

Die Kiwi schälen und würfeln. Die Bananenmischung in eine Schale geben, mit Kürbiskernen, Blütenpollen, Chiasamen, Kiwi- und Kokosstücken belegen und servieren.

Verwöhnfrühstück

# QUINOA-CHIA-POWER
## MIT HIMBEEREN UND APRIKOSEN

Für 1 Person • Vorbereitung: 10 Min. • Garzeit: 20 Min.
Utensilien: Standmixer

## Die Zutaten

| | |
|---|---|
| Quinoa | 50 g |
| Kokosmilch, mit Kokoswasser verdünnt (aus dem Bioladen) | 240 ml |
| Vanilleschote, aufgeschlitzt | ½ |
| Kokosblütenzucker | 1 EL |
| Chiasamen | 1 EL |
| Himbeeren | 70 g |
| Kokosblütensirup | 1½ EL |
| Acerola-Pulver | 1 gestrichener TL |
| Kokosmilch | 1 EL |
| reife Aprikose | ½ |
| Zitrone, ausgepresst | ½ |
| Kokosraspel | 1 EL |

### Tipp
Acerola-Pulver ist in Biomärkten oder in Drogeriemärkten erhältlich.

## Das Rezept

**1.** Die Quinoa unter fließendem Wasser gründlich abspülen, mit verdünnter Kokosmilch, Vanilleschote und Kokosblütenzucker in einen Topf geben, aufkochen und bei schwacher Hitze 15–20 Minuten köcheln. 2 Minuten vor Ende der Garzeit die Chiasamen zufügen.

**2.** In der Zwischenzeit die Himbeeren abspülen und die Hälfte mit ½ Esslöffel Kokosblütensirup sowie dem Acerola-Pulver im Mixer pürieren.

**3.** Sobald die Quinoa gar ist, Kokosmilch und restlichen Kokosblütensirup einrühren. Die Hälfte der Quinoa mit der Hälfte der gemixten Himbeeren vermengen.

**4.** Die Himbeer-Quinoa in eine große Schale geben und Natur-Quinoa und restliche Himbeersauce daraufgeben.

**5.** Ganz zum Schluss die Aprikose waschen, entkernen, mit dem Saft der ½ Zitrone im Mixer pürieren und auf die Quinoamischung in der Schale gießen. Mit Himbeeren und Kokosraspeln bestreuen und sofort genießen.

# PFANNKUCHEN MIT AÇAÍ,
## BLAUBEEREN UND CRANBERRYS

Für ca. 15 Pfannkuchen • Zubereitung: 15 Min. • Ruhezeit: 1 Std. • Garzeit: 3 Min.

## Die Zutaten

| | |
|---|---|
| Weizenmehl Type 405 | 150 g |
| gemahlene Mandeln | 25 g |
| Backpulver | 2 gestrichene TL |
| Rohrohrzucker | 3 EL |
| Açaí-Pulver | 1 EL |
| Salz | 1 Prise |
| Buttermilch | 250 ml |
| Eier | 3 |
| Kokosöl | 3 EL |
| Blaubeeren | 100 g |
| gehackte Cranberrys | 2 EL |

### Tipp
Mit kleinen Blaubeeren lassen sich die Pfannkuchen leichter zubereiten.

## Das Rezept

**1.** Mehl, Mandeln, Backpulver, Zucker, Açaí-Pulver und Salz in eine große Schüssel geben und vermengen.

**2.** In einer zweiten Schüssel Buttermilch und Eier verrühren, zu den trockenen Zutaten geben und alles rasch zu einem Teig verarbeiten, damit sich keine Klümpchen bilden.

**3.** Öl, Blaubeeren und Cranberrys in den Teig rühren. Die Schüssel abdecken und für mindestens 1 Stunde in den Kühlschrank stellen.

**4.** Eine Antihaft-Pfanne bei mittlerer Temperatur erhitzen und mit gebuttertem Küchenpapier leicht einfetten. Sobald die Pfanne richtig heiß ist, den Teig noch einmal umrühren und eine Kelle Teig in die Pfanne geben. Die Pfanne schwenken, bis sich ein Pfannkuchen von etwa 8 cm Durchmesser bildet. Den Pfannkuchen 2 Minuten backen, wenden und auch von der anderen Seite goldbraun backen. Diesen Vorgang wiederholen, bis der Teig aufgebraucht ist.

**5.** Mit frischen Früchten oder Ahornsirup servieren.

# GRANOLA
## MIT APFELKOMPOTT

Für ca. 650 g Granola • Vorbereitung: 15 Min. • Garzeit: 25 Min.

## Die Zutaten

| | |
|---|---|
| gepuffter Reis | 30 g |
| Agavendicksaft | 80 ml |
| Kokosöl | 40 ml |
| Mandeln | 50 g |
| großblättrige Haferflocken | 150 g |
| kleinblättrige Haferflocken | 70 g |
| Kokosblütenzucker | 30 g |
| Kürbiskerne | 50 g |
| Sonnenblumenkerne | 30 g |
| Cashewnusskerne | 40 g |
| Apfelmus | 100 g |
| Salz | 1 Prise |
| Zartbitterschokolade | 50 g |
| getrocknete Cranberrys | 50 g |

## Das Rezept

**1.** Den gepufften Reis zu groben Körnern mixen. Den Backofen auf 170 °C (Ober- und Unterhitze) vorheizen.

**2.** Agavendicksaft und Kokosöl in einen kleinen Topf geben und sanft erhitzen.

**3.** Die Mandeln fein hacken und mit Haferflocken, Puffreis, Kokosblütenzucker, Kürbis- und Sonnenblumenkernen, Cashewnusskernen, Apfelmus und der Prise Salz vermischen.

**4.** Die warme Agaven-Kokosöl-Mischung darübergießen, alles gut vermischen und auf einem Backblech mit Backpapier verteilen. Das Granola 15 Minuten im Ofen backen, dann die Ofentemperatur auf 150 °C absenken und umrühren. Weitere 10 Minuten backen, dabei nach 5 Minuten erneut umrühren.

**5.** Das Granola vollständig abkühlen lassen. Die Schokolade in kleine Stücke brechen und mit den Cranberrys einarbeiten. Das Granola in einem luftdichten Behälter aufbewahren.

Verwöhnfrühstück

# FRUCHTMÜSLI

Für ca. 350 g Müsli • Zubereitung: 5 Min.

## *Die Zutaten*

| | |
|---|---|
| Haferflocken | 100 g |
| Quinoaflocken | 50 g |
| gemahlene Vanille (nach Belieben) | ½ TL |
| Mandeln | 60 g |
| Pekannusskerne | 30 g |
| Cranberrys | 50 g |
| Pistazien | 30 g |
| Kokosflocken | 30 g |
| Gojibeeren | 40 g |
| getrocknete Erdbeeren (aus dem Bioladen) | 10 g |
| getrocknete Himbeeren (aus dem Bioladen) | 10 g |

## Das Rezept

1. Hafer- und Quinoflocken vermischen und die Vanille unterrühren.

2. Mandeln und Pekannüsse fein hacken und mit Cranberrys, Pistazien, Kokosflocken, Gojibeeren, Erdbeeren und Himbeeren zum Müsli geben.

3. Dieses Müsli entweder roh mit Quark, Sojajoghurt oder Milch (ersatzweise pflanzlicher Drink) essen oder einige Minuten in Milch garen bzw. eine Nacht in Milch einweichen.

### Tipp
Pekannusskerne können durch Walnusskerne ersetzt werden.

## BIRNENKOMPOTT

### MIT AÇAÍ

Vorbereitung: 5 Min. • Garzeit: 20 Min.
Utensilien: Standmixer

#### Die Zutaten

| | |
|---|---|
| Birnen | 2 |
| Apfel | 1 |
| Wasser | 50 ml |
| Açaí-Pulver | 1 TL |

#### Das Rezept

**1.** Das Obst schälen, entkernen und in Stücke schneiden.

**2.** Das Obst mit dem Wasser in einen Topf geben und etwa 20 Minuten garen, bis ein Kompott entsteht.

**3.** Kompott und Açaí-Pulver 2 Minuten im Mixer pürieren. Das Kompott vollständig abkühlen lassen und in einem luftdicht schließenden Behälter im Kühlschrank aufbewahren.

## MANGOKOMPOTT

### MIT ACEROLA

Vorbereitung: 5 Min. • Garzeit: 20 Min.
Utensilien: Standmixer

#### Die Zutaten

| | |
|---|---|
| Mango | 1 |
| Apfel | 1 |
| Wasser | 50 ml |
| Acerola-Pulver | 1 TL |

#### Das Rezept

**1.** Die Mango schälen, das Fruchtfleisch vom Kern lösen und in Stücke schneiden. Den Apfel schälen, entkernen und in Stücke schneiden.

**2.** Das Obst mit dem Wasser in einen Topf geben und etwa 20 Minuten garen, bis ein Kompott entsteht.

**3.** Kompott und Acerola-Pulver 2 Minuten im Mixer pürieren. Das Kompott vollständig abkühlen lassen und in einem luftdicht schließenden Behälter im Kühlschrank aufbewahren.

# ENERGIERIEGEL

Für ca. 15 Kugeln oder 6 Riegel • Zubereitung: 15 Min.
Utensilien: Standmixer

## Die Zutaten

| | |
|---|---|
| Biozitrone | 1 |
| weiche Aprikosen | 6 |
| Datteln ohne Stein | 6 |
| Mandeln | 30 g |
| Kokosraspel | 50 g |
| Sultaninen | 1 EL |
| Gojibeeren | 1 EL |
| Sesamsaat | 1 EL |
| Haferflocken | 2 EL |
| Chiasamen | 1 EL |
| Salz | 1 Prise |

## Das Rezept

**1.** Die Zitrone waschen und die Schale dünn abschälen.

**2.** Alle Zutaten in den Mixbehälter geben und pürieren, bis ein Teig entsteht.

**3.** Den Teig zwischen 2 Lagen Backpapier zu einem Rechteck ausrollen und entweder in Riegel schneiden oder zu Kugeln rollen. Diese in einem luftdicht schließenden Behälter im Kühlschrank aufbewahren.

## Tipp

In einem luftdicht verschlossenen Behälter halten sich die Riegel bis zu zwei Wochen.

# BANANENBROT
## MIT SCHOKOLADE UND SESAM

Für 1 großen Laib • Vorbereitung: 15 Min. • Garzeit: 50 Min.
Utensilien: Standmixer

## Die Zutaten

| | |
|---|---|
| Eier | 4 |
| Kokosblütenzucker | 120 g |
| helle Sesamsaat | 40 g |
| gemahlene Mandeln | 80 g |
| Weizenmehl Type 405 | 240 g |
| Backpulver | 1 gestrichener TL |
| Natron | 1 gestrichener TL |
| Kokosöl | 80 g |
| Vanilleextrakt | 1 TL |
| Kokosmilch | 150 ml |
| Zartbitterschokolade | 100 g |
| vollreife Bananen | 3 |
| Sesamsaat zum Verzieren | etwas |

## Das Rezept

**1.** Den Backofen auf 170 °C (Ober- und Unterhitze) vorheizen. Die Eier mit dem Kokosblütenzucker schaumig aufschlagen.

**2.** Die Sesamsaat mit den Mandeln vermengen und dann mit Mehl, Backpulver und Natron vermischen.

**3.** Die trockenen Zutaten gründlich unter die Ei-Zucker-Mischung rühren, dann Kokosöl, Vanilleextrakt und Kokosmilch kräftig einrühren, bis eine glatte Masse entsteht.

**4.** Die Schokolade in Stücke hacken, die Bananen schälen und zerdrücken und beides in den Teig geben. Eine Kastenform mit Butter einfetten und mit Backpapier auskleiden. Den Teig hineinfüllen. Die Teigoberfläche glatt streichen und mit Sesamsaat bestreuen. Das Brot in den Backofen schieben und 50 Minuten backen. (Eine Messerspitze in das Brot stechen und so prüfen, ob das Brotinnere gar ist.)

**5.** Das Brot aus dem Ofen nehmen und vollständig auskühlen lassen. In Frischhaltefolie einwickeln und im Kühlschrank aufbewahren.

# SÜSSKARTOFFEL-KÖRNER-MUFFINS

Für 6–8 Muffins (je nach Größe) • Vorbereitung: 20 Min. • Garzeit: 20 Min.
Utensilien: Papierförmchen, Muffinblech

## Die Zutaten

| | |
|---|---|
| Eier | 3 |
| Rohrohrzucker | 90 g |
| gemahlene Haselnüsse | 90 g |
| Weizenmehl Type 405 | 180 g |
| Backpulver | 1 gestrichener TL |
| Natron | 1 gestrichener TL |
| Haselnussöl | 60 ml |
| Vanilleextrakt | 1 TL |
| Haselnussdrink | 120 ml |
| Süßkartoffeln, gegart | 220 g |
| Mohnsamen | 1 EL |
| Kürbiskerne | 1 EL |
| gemischte Saaten | 1 EL |

## Das Rezept

**1.** Den Backofen auf 180 °C (Ober- und Unterhitze) vorheizen. Eier und Zucker schaumig aufschlagen.

**2.** Gemahlene Haselnüsse, Mehl, Backpulver und Natron vermischen, zur Ei-Zucker-Mischung geben und kräftig unterrühren. Haselnussöl, Vanilleextrakt und Haselnussdrink zufügen und gründlich einarbeiten, bis eine glatte Masse entsteht.

**3.** Die Süßkartoffeln zu Püree verarbeiten und mit der Hälfte der Saaten in den Teig geben. Ein Muffinblech mit Papierförmchen auskleiden, den Teig hineinfüllen, mit den restlichen Saaten bestreuen und 20 Minuten im Ofen backen.

**4.** Die Muffins aus dem Ofen nehmen und vollständig auskühlen lassen. Im Kühlschrank aufbewahren.

# WAFFELN
## MIT KOKOSBLÜTENZUCKER, ZITRONE UND HIMBEEREN

Für 4–6 Waffeln • Vorbereitung: 15 Min. • Garzeit: 10 Min. • Ruhezeit: 2 Std.
Utensilien: Waffeleisen

## Die Zutaten

Sojadrink ................................................. 140 ml
Biozitrone, dünn abgeschält ........................... 1
Weizenmehl Type 405 ............................... 110 g
Backpulver ..................................... ½ Päckchen
Salz ........................................................ 1 Prise
Kokosblütenzucker ..................................... 30 g
Eier, getrennt ................................................. 2
Vanilleextrakt ............................................ 1 TL
Kokosöl .................................................. 25 ml
getrocknete Himbeeren
(aus dem Bioladen) .................................. 10 g

### Tipp
Den Sojadrink können Sie durch jeden anderen pflanzlichen Drink austauschen.

## Das Rezept

**1.** Den Sojadrink mit der Zitronenschale in einem kleinen Topf aufkochen und abkühlen lassen, bis er lauwarm ist. Mehl, Backpulver, Salz und Zucker in eine Schüssel sieben.

**2.** Die Eigelbe mit lauwarmem Sojadrink und Vanilleextrakt verrühren. Mit dem Schneebesen nach und nach in die Mehl-Zucker-Mischung einarbeiten.

**3.** Das Kokosöl zerlassen und unter den Teig rühren. Die Eiweiße steif schlagen und in mehreren Portionen vorsichtig unter den Teig heben. Den Teig 2 Stunden im Kühlschrank ruhen lassen, dann die Himbeeren einrühren und die Waffeln in einem vorgeheizten Waffeleisen backen.

Verwöhnfrühstück

# VOLLKORNREIS
## MIT POCHIERTEM EI UND GRÜNEM GEMÜSE

Für 1 Person • Vorbereitung: 25 Min. • Garzeit: 17 Min.

## *Die Zutaten*

| | |
|---|---|
| Vollkornreis | 50 g |
| Erbsen, gepalt | 1 Handvoll |
| heller Essig | 1 EL |
| Ei | 1 |
| Spinatblätter | 1 Handvoll |
| kleine Zucchini | ½ |
| | oder 2 Mini-Zucchini |
| Sonnenblumenkernmus | 1 TL |
| Apfelessig | 1 TL |
| grobkörniger Senf | 1 TL |
| Olivenöl | 2 EL |
| Salz und Pfeffer | |
| Avocado | ½ |
| Limette, ausgepresst | ½ |
| Kerbel | 2 Stängel |
| Alfalfa-Sprossen | 1 Handvoll |
| gemischte Saaten | 1 TL |

## *Das Rezept*

**1.** Den Reis 12 Minuten (bzw. nach Packungsanweisung) kochen. Die Erbsen in einem Topf mit kochendem Wasser 5 Minuten garen. Beide Zutaten abgießen.

**2.** Wasser in einen Topf geben und mit dem Essig aufkochen. In der Mitte des Wassers einen Strudel erzeugen und das Ei hineingleiten lassen; mithilfe von 2 Esslöffeln das Eiweiß über das Eigelb ziehen, um das pochierte Ei zu verschließen.

**3.** Den Spinat waschen und trocken schleudern. Die Zucchini waschen und mit einem Sparschäler in feine Streifen schneiden.

**4.** Für die Vinaigrette Sonnenblumenkernmus, Apfelessig, Senf und Olivenöl mischen, dann mit Salz und Pfeffer abschmecken.

**5.** Das Avocadofruchtfleisch aus der Schale lösen, in schmale Spalten schneiden und mit dem Limettensaft beträufeln. Erbsen, Spinat, Zucchinistreifen und Avocado mit der Vinaigrette verrühren.

**6.** Den Kerbel zupfen, unter den Reis rühren und diesen mit pochiertem Ei, Gemüse und Alfalfa-Sprossen auf einen Teller geben und mit den Saaten bestreut servieren.

Verwöhnfrühstück

# HUEVOS RANCHEROS

Für 1 Person • Vorbereitung: 20 Min. • Garzeit: 10 Min.

## Die Zutaten

| | |
|---|---|
| Tomaten | 2 |
| Olivenöl | 3 EL |
| Knoblauchzehe, abgezogen und zerdrückt | 1 |
| Kokosblütenzucker | 1 TL |
| weißer Balsamico-Essig | 1 EL |
| gemahlener Piment | 1 Prise |
| Kichererbsen, gekocht | 2 EL |
| Salz und Pfeffer | |
| Ei | 1 |
| Tortillafladen | 1 |
| Sprossen | 1 Handvoll |

### Für die Guacamole

| | |
|---|---|
| kleine Schalotte | 1 |
| Avocado | ½ |
| Limette, ausgepresst | ½ |
| Koriander, gehackt | 2 Stängel |
| einige Tropfen Olivenöl | |

## Das Rezept

**1.** Die Tomaten waschen und klein schneiden.

**2.** 2 Esslöffel Olivenöl in einer Pfanne erhitzen, Tomaten und Knoblauch darin bei starker Hitze 5 Minuten dünsten. Kokosblütenzucker, Balsamico und Piment zugeben und gründlich unterrühren. Die Kichererbsen zufügen und mit Salz und Pfeffer abschmecken.

**3.** Für die Guacamole die Schalotte abziehen und hacken. Das Fruchtfleisch der Avocado in Stücke schneiden und mit Schalotte, Limettensaft und Koriander vermengen. Mit Salz, Pfeffer und Öl würzen.

**4.** Das restliche Olivenöl in einer Pfanne erhitzen und das Spiegelei darin braten.

**5.** Die Tortilla in einer Pfanne erwärmen, dann Spiegelei, Guacamole, Tomatenstücke mit Kichererbsen und die Sprossen daraufgeben.

# OMELETT MIT KIRSCHTOMATEN,
## GURKENSALAT UND MINZ-FETA

Für 1 Person • Vorbereitung: 10 Min. • Garzeit: 8 Min.

## *Die Zutaten*

Kirschtomaten .................................... 100 g
Olivenöl ............................................... 3 EL
Salz und Pfeffer
Eier ........................................................ 2
getrocknete griechische Kräuter ............ ½ TL
kleine Gurke ......................................... ½
Feta ..................................................... 50 g
Minze, Blätter abgezupft .................. 2 Stängel

## *Das Rezept*

**1.** Die Tomaten waschen und halbieren. In einer kleinen Pfanne 2 Esslöffel Olivenöl erhitzen und die Tomaten darin 3 Minuten dünsten. Mit Salz und Pfeffer würzen.

**2.** In der Zwischenzeit die Eier mit dem Schneebesen aufschlagen, über die Tomaten in die Pfanne gießen und ohne Deckel 3 Minuten stocken lassen. Die Eier mit 1 Prise griechische Kräuter bestreuen, den Deckel auf die Pfanne legen und die Eier weitere 2 Minuten braten.

**3.** Die Gurke waschen und in kleine Stücke schneiden, den Feta auch klein schneiden. Beides mit restlichem Olivenöl, griechischen Kräutern und Minze vermischen, leicht salzen und pfeffern. Den Salat zum Tomatenomelett reichen.

# RÜHREI
## MIT RICOTTA UND GEBRATENEN PILZEN

Für 1 Person • Vorbereitung: 20 Min. • Garzeit: 6 Min.

## Die Zutaten

| | |
|---|---|
| Biozitrone | ½ |
| frische Pilze (der Saison) | 200 g |
| + 2 große Champignons | |
| Knoblauchzehe | 1 |
| Petersilie | 3 Stängel |
| Eier | 2 |
| Ricotta | 1 EL |
| Salz und Pfeffer | |
| Olivenöl | 3 EL |
| Sprossen | 1 EL |
| geröstetes Brot | 2 Scheiben |

## Das Rezept

**1.** Die Zitrone waschen und dünn schälen, dann auspressen. Die Pilze der Saison putzen und in Stücke schneiden. Die beiden Champignons putzen, in feine Scheiben schneiden und mit dem Zitronensaft beträufeln. Den Knoblauch abziehen und zerdrücken. Die Petersilie waschen und hacken.

**2.** Eier, Ricotta und Zitronenschale mit dem Schneebesen schaumig schlagen. Salzen und pfeffern und Petersilie mit Knoblauch einrühren.

**3.** In einem kleinen Topf 1½ Esslöffel Olivenöl erhitzen und alle Pilze darin 5 Minuten braten.

**4.** Das restliche Öl in einer kleinen Pfanne erhitzen, das Rührei hineingießen und unter ständigem Rühren 30 Sekunden stocken lassen. Das Rührei mit gebratenen Pilzen, Sprossen und gerösteten Brotscheiben servieren.

# Noch mehr Rezepte – und alle mit dem

9,99 € [D] | ISBN 978-3-517-09612-4

Hier kommen Kuchen und Torten, die es in sich haben! Diese süßen Geheimnisse sind der Hingucker auf jeder Party und überzeugen alle Naschkatzen. Die einfachen Rezepte sind allesamt in maximal 60 Minuten zubereitet und die Überraschung auf dem Teller garantiert.

9,99 € [D] | ISBN 978-3-572-08217-9

Hier ist so wenig Teig im Kuchen, dass man ihn kaum sieht. Dafür sieht man aber ganz viel köstliche Füllung! So wird das Ganze wunderbar fruchtig und saftig, schmeckt sensationell und hat dazu viel weniger Kalorien als herkömmliche Backwaren.

**Mehr Informationen zu unseren Büchern finden Sie auf www.suedwest-verlag.de**

# einfach, lecker besonderen Etwas

9,99 € [D] | ISBN 978-3-572-08215-5

Diese geniale Art des Nudelkochens begeistert! Alle Zutaten kommen in einen Topf und garen mit etwas Wasser zu einem köstlichen Gericht. Denn die Nudeln garen nicht wie sonst nur in Salzwasser, nein, bei dieser Methode nehmen sie die Aromen aller Zutaten auf und werden herrlich würzig.

9,99 € [D] | ISBN 978-3-572-08216-2

Wasser mit echtem Geschmack, bunt wie eine Sommerwiese und voller Vitamine, Vitalstoffe und Antioxidantien. Das hilft dem Kreislauf, kurbelt den Stoffwechsel an und lässt die Haut besser aussehen.

# MENGEN UND ENTSPRECHUNGEN

## Zutaten abwiegen ohne Waage

| Zutaten | 1 Teelöffel | 1 Esslöffel | 1 Glas à 200 ml |
|---|---|---|---|
| Butter | 7 g | 20 g | – |
| Crème fraîche | 15 g | 40 g | 200 g |
| gemahlene Mandeln | 6 g | 15 g | 75 g |
| geriebener Hartkäse | 4 g | 12 g | 65 g |
| Grieß, Couscous | 5 g | 15 g | 150 g |
| Kakaopulver | 5 g | 10 g | 90 g |
| Mehl | 3 g | 10 g | 100 g |
| Puderzucker | 3 g | 10 g | 110 g |
| Reis | 7 g | 20 g | 150 g |
| Rosinen | 8 g | 30 g | 110 g |
| Sahne | 7 g | 20 g | 200 g |
| Salz | 5 g | 15 g | – |
| Speisestärke | 3 g | 10 g | 100 g |
| Zucker | 5 g | 15 g | 150 g |

## Flüssigkeiten abmessen

1 Likörglas = 30 ml
1 kleine Tasse = 80 bis 100 ml
1 Glas = 200 ml
1 Becher = 300 ml
1 Schale = 350 ml

## Gut zu wissen

1 Ei = 50 g
1 Flocke Butter = 5 g
1 walnussgroßes Stück Butter = 15-20 g

## Die richtige Ofentemperatur

| Temperatur (°C) | Thermostat |
|---|---|
| 30 | 1 |
| 60 | 2 |
| 90 | 3 |
| 120 | 4 |
| 150 | 5 |
| 180 | 6 |
| 210 | 7 |
| 240 | 8 |
| 270 | 9 |

ISBN 978-3-517-09613-1
1. Auflage

© der deutschsprachigen Ausgabe 2017 by Südwest Verlag, einem Unternehmen der Verlagsgruppe Random House GmbH, Neumarkter Straße 28, 81673 München

© der Originalausgabe „Petits dej super vitaminés": Hachette-Livre (Hachette Pratique) 2015; text by Coralie Ferreira, photos by Virginie Garnier

Jegliche Verwertung der Texte und Bilder, auch auszugsweise, ist ohne die Zustimmung des Verlags urheberrechtswidrig und strafbar.

Die Ratschläge/Informationen in diesem Buch sind vom Autor und Verlag sorgfältig geprüft, dennoch kann eine Garantie nicht übernommen werden. Eine Haftung des Autors bzw. des Verlags und seiner Beauftragten für Personen-, Sach- und Vermögensschäden ist ausgeschlossen.

Sollte diese Publikation Links auf Webseiten Dritter enthalten, so übernehmen wir für deren Inhalte keine Haftung, da wir uns diese nicht zu eigen machen, sondern lediglich auf deren Stand zum Zeitpunkt der Erstveröffentlichung verweisen.

Projektleitung: Eva Wagner
Übersetzung: Gisa Roudil d'Ajoux Hillebrand, Köln
Fotos: Virginie Garnier
Foodstyling: Coralie Ferreira
Gesamtproducing: trans texas publishing, Köln
Coverdesign für die deutschsprachige Ausgabe: OH, JA!, München

Druck und Verarbeitung: DZS Grafik, Ljubljana

Printed in Slovenia

Verlagsgruppe Random House FSC® N001967